BELIEVE
in

Jesus Christ

왕초보, 외국인 친구에게
영어로 전도하기

TnD북스[Truth and Disciples Books]는 하나님을 바로 아는 지식과 구원에 감격하는 정서와 경건을 실천하는 의지가 균형 잡힌 신앙으로 안내하는 책을 만듭니다.

왕초보, 외국인 친구에게
Believe in Jesus Christ!
영어로 전도하기

김영욱 지음
Edward J. Lee & Sarah Kim Lee 영어감수

TnD북스

우리가
영어를 배워야 하는 이유

 ## 한국 체류 외국인 200만 시대!

놀라셨죠? 몇 년 전만 해도, 길을 가다 외국인을 마주치면,
'어! 외국인이다!'하며 어색한 웃음을 짓거나, 조금 용기가
있는 사람은 손을 들어 "Hello"하며 인사를 했죠? 이제 시
대가 바뀌었어요. 우리보다 더 자연스럽게 한국의 거리를
다니는 외국인들을 이곳 저곳에서 만나게 됩니다.
이들 중 교회를 다니는 사람은 얼마나 될까요?
복음을 들어본 사람은 몇이나 될까요?
아직 한국말이 서투른 외국 사람들과 친구가 되어 보세요.
그리고 그들에게 영어로 복음을 전해 보세요. 해외여행을
위한 영어공부는 잠시 멈추고, 우리가 영어를 공부해야 하
는 너무나도 즐거운 또 다른 이유를 만들어 보세요.
서툴고 굴러가지 않는 혀로 어렵게 말한 나의 영어 한마디
로 인해 하나님이 기뻐하실 거예요.

**세상 문화가 아닌,
신앙 문화를 통해 영어를 배우고 말하자!**

언어는 문화와 역사를 전달하는 수단이에요. 한국어는 한국의 문화와 역사를, 중국어는 중국의 문화와 역사를, 일본어는 일본의 문화와 역사를 담아서 전달해요. 그리고 개개인이 사용하는 언어는 그 사람의 관심사와 성향과 인생을 말해 주는 통로예요. 이를테면 내가 자주 사용하는 표현들과 단어들과 주제들이 내가 어떤 사람인지를 말해 주죠.

그렇다면 하나님을 믿는 크리스천의 입에서는 기독교의 문화가 담긴 언어가 나와야 하지 않을까요? 신앙생활과 예배생활, 교회생활, 성경말씀이 담긴 신앙 언어로 영어를 배워 보세요. 드라마, 영화, 팝송과 같은 세상 문화를 통해 영어 배우기를 잠시 멈추고, 신앙 문화를 통해 영어를 배워 보세요.

콩글리시를 부끄러워하지 마세요

당신은 영어를 못하는 게 아니라, 안 하는 거예요.
한국에서 태어난 사람이 일평생을 한국에 살면서, 한국말을
못한다면 그건 참 괴로운 일일 거예요. 하지만, 외국에 나가
살아본 적이 없는 한국 사람이 영어를 못하는(?) 것은 너무
나 당연한 거예요. 우리의 영어는 아무리 잘해도 잉글리시
가 아닌 콩글리시예요. 스페인 사람이 하는 영어는 어디까
지나 스팽글리시인 것과 마찬가지예요.
콩글리시를 부끄러워하지 마세요. 나의 발음을 부끄러워하
지 마세요. 당신은 영어를 못하는 것이 아니에요. 당신은 영
어를 잘 안하는 거예요.

꼭 말하지 않아도 돼요

사람은 서로 의사소통하기 위해서 다양한 방법들을 사용해
요. 그림, 음악, 언어, 표정, 글, 영상 등등. 그중 단어와 문

장으로 이루어진 언어가 자신의 생각을 상대방에게 전달하기에 가장 효과적인 방법이라는 것에 전 세계의 모든 사람들이 동의를 했어요. 그래서 우리는 서로의 언어를 배워요. 언어만이 소통할 수 있는 단 하나의 방법이 아니라는 것을 안다면, 영어가 더욱 쉽게 느껴질 거예요. 짧은 단어 하나와 표정과 손짓, 몸짓을 통해 충분히 내 생각을 전달할 수 있어요. 그 동안 어려운 문장 만들어 내느라 고생하셨죠? 단어 하나, 짧은 문장과 약간은 과장스러운 표정과 몸짓으로 말해 보세요. 더 효과적인 대화가 오고갈 거예요.

이 단어 하나면 만사 오케이

Please. "플리즈." 이 단어를 꼭 기억해 두세요. 누구보다도 센스 있고 상냥하게 영어를 말하는 사람이 될 거예요. 내가 아는 모든 단어에 Please를 붙여 보세요. 명사도 좋고 동사도 좋아요. Please를 단어 앞에도 두어 보고, 단어의 뒤에도 놓아 보세요. 천천히도 말해 보고, 빠르게도 말해 보세요. 미소를 지으면서도 말해 보고, 단호한 표정으로도 말해 보세요. 다양한 나의 감정들을 표현하는 데 제법 요긴하게 사용될 거예요. Water, please. 물 주세요. Coffee with two shots, please. 커피 투샷으로 주세요. Keep the change, please. 잔돈은 가지세요. Please, stop here. 여기서 세워 주세요. Say again, please. 다시 말해 주세요.

그냥 한국말로 말하세요

내가 말하려는 단어가 영어로 생각나지 않을 때는 당황하지 말고 그냥 한국말로 말하세요. 예를 들어, "He is 전도사님." 어쩌면 마땅한 영어 단어를 찾기 어려운 경우일 수도 있어요. 그럴 땐 일단 한국말로 말하세요. 그러면 상대방이 "전도사님"이라는 단어를 그 상황에 맞춰 이해하고 배우게 될 거예요.

📍 영어를 공부하지 말고, 영어로 공부하세요

내가 지금, 의학 전문 세미나, 최첨단 과학 기술 세미나에 참석 중이라고 생각해 보세요. 물론 한국말로 진행되는 세미나예요. 우리는 도대체 얼마나 알아들을 수 있을까요? 도저히 알아들을 수 없는 용어들과 내용들이 세미나 내내 참 괴롭게 들릴 거예요.

마찬가지예요. 내가 아무리 영어를 잘한다 하더라도, 절대로 알아듣지 못하는 분야들이 있어요. 영어를 잘하고 못하고를 떠나서, 경험이 없는 분야의 내용이기 때문이에요.

내가 "영어"라는 언어의 매력에 빠져서 영어를 공부한다면, 영어공부가 정말 즐거운 일일 거예요. 하지만 우리 대부분은 내가 관심 있는 분야에 대해 영어로 대화하거나 정보를 얻기 위해서 영어를 배워요.

오늘부터는 "영어를" 공부하지 말고, "영어로" 공부해 보세요. 흥미와 관심이 있는 분야부터 영어로 공부해 보세요. 그리고 점점 분야를 넓혀 다양한 경험을 영어로 쌓아 보세요. 그러면 어디서 누구를 만나든, 즐거운 대화를 영어로 이어갈 수 있을 거예요.

기도로
시작해요!

하나님 아버지,

제가 영어를 공부하는 이유를 새롭게 정하려고 합니다.

그 동안은 좋은 성적, 직장, 여행만을 위해서

영어를 공부했었습니다.

오늘부터는 한국에 있는 외국인들에게 복음을 전하기 위해서

영어를 공부하려고 합니다.

하나님 나라와 영광을 위한 나의 중심이

흔들리지 않도록 도와주세요.

그럼 지금부터 감사함으로

즐겁게 영어 공부를 시작하겠습니다.

예수님 이름으로 기도합니다. 아멘.

Let's Start
with a Prayer!

Father,
I want to study English with a new purpose.
I have been studying English
only for good grades, career, and travel.
From now on, I want to study English
so that I can share the gospel
with foreigners in Korea.
Please cause my heart to be faithful
for your Kingdom and glory.
I am joyfully beginning my study
with a thankful heart.
I pray in Jesus' name. Amen.

CONTENTS

왕초보,
외국인 친구와 기도하기

왕초보,
외국인 친구에게 복음 전하기

6 왕초보, 외국인 친구에게 마음 표현하기

CHAPTER 1

/

왕초보, 외국인 친구와

인사하기

안녕!

Hi!

계세요? 여보세요!

Hello!

오랜만이에요.

Long time no see.

즐거운 주일이에요!

Happy Lord's day!

주님의 이름으로 환영합니다.

Welcome in the Lord's name.

기쁜 부활절이에요. 예수님이 부활하셨어요!

Happy Easter. He is risen!

기쁜 추수감사절이에요!

Happy Thanksgiving !

* 종교개혁주일 Reformation Day
* 송구영신예배 New Year's Eve Service

기쁜 성탄. 주님이 오셨어요!

Merry Christmas. The Lord has come!

02 말 붙이기: 기본 표현   HELLO

실례합니다.

Excuse me.

도와드릴까요?

Do you need help?

같이 앉아도 될까요?

May I join you?

한국말 하세요?

Do you speak Korean?

한국말 잘하시네요.

You speak Korean well.

한국에 오신 지 얼마나 됐어요?

How long have you been in Korea?

천천히 말해 주세요.

Can you speak slowly?

다시 말해 주세요

Please say that again.

적어 주세요.

Please write it out for me.

어디서 왔어요? 고향이 어디예요?

Where are you from?

저 거기 가본 적 있어요.

I have been there.

거기 단기선교로 갔었어요.

I was there for a short-term mission trip.

"안녕하세요"가 그 나라말로 뭐예요?

What is "Hello" in your language?

한국 오기 전에는 어떤 일 했어요?

What did you do before you came to Korea?

일은 할만 해요?

Are you enjoying work?

도움이 필요하면 말해요.

Let me know if you need my help.

곧 익숙해질 거예요.

You will get used to it soon.

사장님들은 원래 다 그래요.

All bosses are like that.

잘 지내게 될 거예요. 좋은 분이에요.
You will get along with him. He is a nice person.

일 끝나고 회식 있데요.
We have an office dinner after work.

거래처하고 미팅은 어땠어요?
How was the meeting with your client?

내가 대신 전화해 줄까요?
Do you want me to call <u>him</u>* for you?

*전화를 받는 사람이 여자면 him 대신에 her을 넣어서 말하세요.

이럴 때 당신 문화에서는 어떻게 하나요?
How would you do that in your culture?

한국말 많이 늘었어요.

Your Korean has improved a lot.

옷이 잘 어울려요.

You look great in that <u>dress</u>*.

* 색 color	* 안경 glasses	* 모자(캡) cap

새 헤어스타일 예쁘네요(멋지네요).

I like your new hairstyle.

몸이 안 좋으면 조퇴해도 돼요.

If you are not feeling well, you can leave work early.

차 태워다 드릴까요?

Do you need a ride?

점심 같이 먹자.

Let's have lunch together.

숙제 했어?

Have you done your homework?

난 아직 시작 안 했어.

I haven't started on it yet.

숙제 같이 하자.

Let's do our homework together.

같이 가자.

Let's go together.

우리 친구하자.

Be my friend.

학교 끝나고 뭐해?

Do you have plans after school?

우리랑 같이 농구할래?

Do you want to play basketball with us?

넌 한국 가수 누구 제일 좋아해?

Who is your favorite K-pop star?

잘 이해 안가는 거 있으면 말해, 내가 도와줄게.

If there are certain things you cannot get, let me know and I can help you.

시험 준비는 잘 하고 있어?

Are you getting ready for the test?

수업은 어때?

How's the class?

넌 형제가 어떻게 돼?

Do you have siblings?

난 누나랑 남동생 있어.

I have an older sister and a younger brother.

* 나는 외동이야. I am an only child.

다음주 토요일이 내 생일이야. 내 생일 파티에 와.

Next Saturday is my birthday. Come to my birthday party.

우리 집에 놀러 오지 않을래?

Why don't you come over to my place?

넌 어디 살아?

Where do you live?

집에 놀러 가도 돼?

Can I come over to your place?

길을 잃었나요?

Are you lost?

어디 가시는 길인데요?

Where are you heading to?

저도 같은 방향이에요.

I am going in the same direction.

제가 길 안내해 드릴게요.

I will show you the way.

여기서 내리세요.

Please get off here.

5번 버스 타고 두 정거장 가서 내리면 돼요.

Take bus number 5, and get off two stops from here.

다음 역에서 내려서 5호선으로 갈아타면 돼요.

Get off at the next station, and transfer to line 5.

김포공항행 열차를 타세요.

Take a train to Gimpo airport.

잘못 타신 것 같아요.

I'm afraid you're going in the wrong direction.

반대편 승강장으로 건너가서 열차를 타세요.

Cross the platform, and take the train.

06 말 붙이기: 엘리베이터 / 계단에서   HELLO

몇 층 가세요?

What floor?

이 엘리베이터는 짝수 층에만 서요.

This elevator only stops on <u>even numbered floors</u>.

* 홀수 층 odd-numbered floors

엘리베이터가 수리 중이에요.

The elevator is <u>being repaired</u>.

* 고장 났어요 It's broken.

몇 층에 사세요?

What floor do you live on?

저는 3층에 살아요.

I live on the third floor.

이 동네에 새로 이사오셨나봐요.

You are new in this town.

저희는 1년 전에 이사 왔어요.

We moved here <u>a year ago</u>*.

우리 동네로 온 거 환영해요.

Nice to have you in the neighborhood.

이웃끼리 친하게 지내요.

I hope we can be good neighbors.

07 말 붙이기: 마트에서 　HELLO

그것보단 이 물건이 좋아요.

This is better than that.

여기 물건이 싸고 좋아요.

This market has fresh and inexpensive products.

야채 가격이 올랐어요.

The vegetable prices went up.

전 주말마다 와요, 같이 장볼래요?

I come here every weekend. Do you want to go grocery shopping with me?

우리 쇼핑 친구해요.

Let's be shopping buddies*.

> *친구나 단짝을 친근하게 buddy(버디)라고 불러요.

먼저 하세요(가세요).

After you.

여기 자주 와요?

Do you come here often?

여기 음식이 싸고 맛있어요.

They have good and inexpensive food.

한국음식 좋아해요?

Do you like Korean food?

매운 음식 좋아해요?

Do you like spicy food?

제일 좋아하는 한국 음식이 뭐예요?

What is your favorite Korean food?

고향 음식은 어떤 것들이 있어요?

What kind of food do you have back home?

고향 음식 그립지 않아요?

Do you miss food from your country?

그쪽 고향 음식 맛있게 하는 집 알아요.

I know a nice place that serves food like your home cooking.

저희 가족이랑 같이 식사하실래요?

Would you like to have dinner with my family?

제가 쏠게요.

It's my treat.

다음에 한 턱 내세요.

You can treat me next time.

우리랑 커피 마시러 갈래요?

Would you like to join us for coffee?

⟨⟨ 09 말 붙이기: 우체국에서 ⟩⟩   HELLO

고향에 소포 보내시나 봐요?

Are you sending a package to your home?

고향에 가족이 있어요?

Do you have family back home?

부모님과 가족이 많이 보고 싶겠어요.

Do you miss your parents and family?

전 고향이 시골이에요. 그래서 가족들을 자주 못 만나요.

My hometown is in the countryside.
So I don't see my family often.

박스 같이 들어드릴까요?

Do you need help with the box?

10 말 붙이기: 관광지에서   HELLO

사진 찍어드릴까요?

Do you want me to take a picture of you?

저희도 사진 찍어 주세요.

Can you take a picture for us?

가족이랑 여행 오셨나 봐요?

Are you having a family trip?

어디 어디 가봤어요?

Where have you been to?

이번 겨울은 유난히 추운 것 같아요.

This winter is especially cold.

감기 조심하세요.

Please don't catch a cold.

더위 먹지 마세요.

Please don't get sick from the heat.

안전하고 즐거운 여행되세요.

Hope you have a safe and fun trip.

《 11 말 붙이기: 언어 가르쳐 주세요 》 HELLO

제가 한국말 가르쳐 드릴까요?

Do you want to study Korean with me?

한국어 배울 곳 찾고 있어요?

Are you looking for a place to learn Korean?

우리 교회에 한국어 교실이 있어요.

My church has a Korean language school.

저, 태국어 가르쳐 줄 수 있어요?

Can you teach me Thai*?

* 러시아어 Russian	* 네덜란드어 Dutch	* 스페인어 Spanish
* 아랍어 Arabic	* 중국어 Chinese	* 일본어 Japanese
* 불어 French	* 이탈리아어 Italian	* 그리스어 Greek
* 포르투갈어 Portuguese		

당신은 나한테 베트남어 가르쳐 주고, 나는 당신한테 한국말 가르쳐 주는 거 어때요?

How about you teach me Vietnamese, and then I teach you Korean?

매주 토요일 오후에 카페에서 같이 공부해요.

Let's meet at a Café every Saturday afternoon, and study together.

임신하셨어요?

Are you expecting?

배가 많이 나왔네요!

You are pretty far along!

입덧해요?

Do you have morning sickness?

저는 첫째 아이 임신했을 때 입덧이 아주 심했어요.

I* had terrible morning sickness with the first child.

* 아내 my wife
* 우리 며느리 my daughter-in-law
* 우리 딸 my daughter

출산 예정일이 언제예요?

When are you due?

오! 아기 만나기까지 얼마 안 남았네요.

Wow! It won't be long before your baby arrives.

아들이에요, 딸이에요?

Is it a boy or a girl?

엄마 닮아서 예쁘겠어요.

She must be pretty like her mother.

몸조리 잘 하세요.

Take good care of yourself.

순산하길 기도할게요.

I will pray that everything goes well with the delivery.

《 13 말 붙이기: 아이와 함께 있는 부모를 만났을 때 》 HELLO

아이 예뻐라!

She's beautiful.

아이 눈이 엄마를 닮았네요.

She has her mother's eyes.

몇 살이에요?

How old is she?

잠은 잘 자나요?

Does he <u>sleep</u>* well?

| * 먹다 eat | * 놀다 play |

우리 아들은 애기 때 잠을 잘 안 잤어요.

My son didn't sleep well when he was a baby.

아이 이름이 뭐예요?

What's her name?

이름이 예쁘네요.

It's a beautiful name.

저는 딸 하나 아들 하나 있어요.

I have a daughter and a son.

괜찮아요?

Are you OK?

다쳤어요?

Are you hurt?

어디 아프세요?

Are you sick?

다리 움직일 수 있겠어요?

Can you move your leg?

움직이지 마세요.

Don't move.

누울래요?

Do you want to lie down?

병원에 데려다 줄게요.

Do you want to go to a hospital?

걱정 마세요. 제가 옆에 있을 게요.

Don't worry. I will be with you.

《 15 소개하기 》　 HELLO

저는 리사예요.

I am Lisa.

이쪽은 제 친구 김지수예요.

This is my friend Ji-su Kim.

우린 같은 교회 다녀요.

We go to the same church.

만나서 반가워요.

Nice to meet you.

> * 다시 만났을 때는 Nice to see you again.

말씀 많이 들었어요.

I've heard so much about you.

이쪽은 우리 딸 영어 선생님이세요.

This is my daughter's English teacher.

제가 말했던 그 사람이에요.

This is the person I was telling you about.

이름이 뭐예요?

Can I have your name*?

| * 전화번호 phone number | * 주소 address |

카카오톡 해요?

Do you have KakaoTalk?

페이스북 친구 추가해도 돼요?

Can I add you on Facebook?

우리 집은 네 식구예요.

Ours is a family of four.

가족이 어떻게 되나요?

Do you have a family?

결혼하셨어요?

Are you married?

저는 곧 결혼해요.

I am getting married soon.

저는 결혼한 지 10년 됐어요.

I have been married for 10 years.

자녀는 어떻게 되나요?

Do you have children?

저희한텐 하나님이 아직 아이를 안 주셨어요.

God has not given us a child yet.

16 안부 묻기

어떻게 지내요?

How are you?

기분이 어때요?

How are you feeling?

오늘은 좀 괜찮아요?

Feeling better today?

가족은 잘 지내요(어때요)?

How is your family*?.

*당신의 아이들 your children	*당신의 부모님 your parents
*새 직장 new job	*일/업무 work
*학교 school	*수업 class

한국에는 어떻게 왔어요?

What brought you to Korea?

한국 생활은 어때요?

How is your life in Korea?

한국말 잘 배우고 있어요?

How is your Korean study?

새로운 문화 잘 배우고 적응하길 기도할게요.

I will pray that you would learn and adapt to the new culture.

대화할 사람이 필요해요?

Need someone to talk to?

고향 다녀온 지 얼마나 됐어요?

How long has it been since you visited your hometown?

몸 조심히 고향 잘 다녀와요.

Have a safe and nice trip home.

고향에서 가족이 온다면서요? 잘 됐어요!

I was told your family is coming to Korea. How great!

《 17 헤어지기 》 HELLO

같이 예배드려서 좋았어요.

I enjoyed attending service with you.

만나서 반가웠어요.

It was nice meeting you.

즐거운 대화였어요.

Nice talking to you.

다음 주일에 만나요.

See you next Lord's day.

한 주간도 주님 안에서 평안하게 지내세요.

Hope you have a peaceful week in the Lord.

기도 제목 있어요?

Do you have a prayer request?

당신 위해서 기도할게요.

I will pray for you.

조만간 다시 모여요.

Let's get together soon.

미안해요, 이제 가봐야 해요.

Sorry, I have to leave now.

연락할게요.

I will be in touch.

문자 보낼게요.

I will send a text message.

카카오톡 보내요.

Please KakaoTalk me.

너도 나도 왕초보
우리 모두 왕초보

외국인이라고 모두 영어를 잘 하는 건 아니에요
영어권 국가에서 온 외국인만 영어를 한다는 사실!
영어로 대화하는 게 나만 힘든 일이 아니예요.
상대방도 영어가 불편할 수 있어요.

우리끼리 통하는 영어가 있어요
알고 있는 모든 영어 단어로
이렇게 저렇게 조합을 하고
손짓 발짓을 하다보면!
피부색과 국가를 막론하고 통하는 것이 있어요.
우리만의 새로운 언어가 만들어질 수도 있어요.

How fun!

CHAPTER 2

/

왕초보, 외국인 친구

초대하기

Welcome

이번 주말에 뭐해요?

Do you have plans for this weekend?

저녁식사 초대하고 싶어요.

I want to invite you to a dinner.

애들이랑 같이 오세요.

Please bring your kids.

몇 일이 좋아요?

Which date would you like?

이번 주 토요일 저녁 어때요?

How about <u>this Saturday</u>* night?

> * 다음 주 토요일 next Saturday

어서 들어오세요.

Please come on in.

우리 집 찾는 데 힘들지 않았어요?

Was it difficult to find my place?

집처럼 편하게 있어요.

Make yourself at home.

와 줘서 고마워요.

Thanks for coming.

식사하세요!

Dinner's ready!

음식이 입에 맞아요?

How do you like the food?

애들한테는 약간 매울 수 있어요.

It might be a little spicy for kids.

마음껏 드세요.

Please help yourself.

더 드세요.

Please have some more.

국 더 드릴까요?

Do you want some more <u>soup</u>*?

* 밥 rice	* 반찬 side dish
* 반찬 종류는 한국말로 하세요. "Do you want some more 잡채?"	

또 와요.

Come again.

교회 다녀요?

Do you attend church?

교회 가 본 적 있어요?

Have you been to church?

우리 교회 한 번 와 볼래요?

Would you like to come to my church?

우리 교회는 9호선 신방화역에 있어요.

My church is at Sinbanghwa Station line 9.

5번 출구에서 만나서 같이 가요.

Let's meet at exit 5 and go together.

교회 분들 정말 좋으세요.

You will love the <u>people at church</u>.*

한국생활에 적응하는 데 많은 도움이 될 거예요.

It will help you to adjust to life in Korea.

교회 오면, 한국 친구 많이 만날 수 있어요.

You can make many friends if you come to church.

다음 주에 성경캠프가 있어요.

We have a <u>church retreat</u>* next week.

나랑 같이 갈래요?

Do you want to come with me?

《 03 교회 소개하기 》 *Welcome*

교회 처음 와 보는 거예요?

Is this your first time attending church?

주보 여기 있어요.

Here is a <u>bulletin</u>*.

*성경책 Bible   *찬송가 hymnal

한 번 둘러 볼래요?

Do you want to look around?

예배당은 2층에 있어요.

The chapel is on the second floor.

우리 애들은 어린이 예배드리고 있어요.

Kids are attending Children's Service.

저는 모태신앙이에요.

I was born into a Christian family.

남편은 저랑 결혼하고 나서 크리스천이 됐어요.

My husband became a Christian after we got married.

남편은 교회 (안수)집사예요.

My husband is a <u>deacon</u>*.

* 여 집사 deaconess   * 장로 elder

* 성가대원 choir member   * 성가대 지휘자 choir director

* 주일학교 교사 Sunday School teacher

* 영어권 교회에서는 서리집사가 없어요.

저희 교회는 장로교회예요.

My church is a Presbyterian Church*.

초대하기

* 침례교회 Baptist Church
* 감리교회 Methodist Church
* 성결교회 Holiness Church
* 루터교회 Lutheran Church
* 순복음교회 Full Gospel Church

우리 목사님께 당신을 소개해 주고 싶어요.

I'd like to introduce you to my pastor.

저희 교회 목사님이세요.

This is my church pastor*.

* 담임목사 senior minister
* 부목사 assistant minister
* minister는 목회자 전체를 가리키는 단어예요.
* pastor는 목사라는 직분의 이름이고, reverend은 목사 직분의 호칭이에요. "This is Reverend Kim, who is my pastor."
* 전도사와 강도사에 해당하는 적당한 영어 호칭은 없어요. 남자분은 Mr. 여자분은 Mrs.를 앞에 붙여서 부르지만, 그냥 "This is Kim 전도사님" 하고 한국말로 하시면 돼요.

교회를 처음 방문한 사람에게 예배 순서를 설명해 주거나, 같이 예배를 드리면서 도와줄 때 필요한 표현들이에요.

오전 예배는 11시에 있어요.

Morning service* is at 11am.

오후 예배 afternoon service	저녁 예배 evening service
영어 예배 English Service	어린이 예배 Children's Service
청년예배 young adults' service	기도회 Prayer meeting
주일학교 Sunday School	성경공부 Bible study
새벽 예배 early morning service	

오전 예배드리고 점심 식사가 있어요.

After morning service, we have lunch together.

매주 토요일에는 성경공부가 있어요.

We have Bible study* on Saturdays.

청년부 모임 youth group meeting	찬양 집회 praise meeting
세례 교육 Baptism Class	교리 교육 Catechism Class

곧 예배가 시작할 거예요.

The service starts soon.

다 같이 일어나는 시간이에요.

It's time for everyone to stand up.

이제 자리에 앉으세요.

You may sit down.

주보 2페이지를 보세요.

Please turn to bulletin page 2.

찬양시간이에요.

It's time for singing praise.

찬송가 78장을 펴세요.

Turn your hymnal to number 78.

성경 읽는 시간이에요.

It's time to read the Bible.

교독할 거예요. 목사님이 먼저 읽으실 거예요.

**It's a responsive reading. The pastor
will read first.**

구약성경 100페이지예요.

It's page 100 in <u>the Old Testament</u>*.

> * 신약성경 the New Testament

창세기 1장 1절을 펴세요.

**Open your Bible to Genesis chapter 1,
verse 1.**

로마서 1장 1절에서 3절이에요.

**It's Romans chapter 1, verses 1
through 3.**

사도신경 외우는 시간이에요.

It's time to recite the Apostle's Creed[*].

주기도문은 찬송가 맨 앞 페이지에 있어요.

The Lord's Prayer is on the first page of hymnal.

기도시간이에요.

It's time for prayer.

돌아가면서 기도할 거예요.

We will pray in turns.

불편하면 안 해도 돼요.

If it is uncomfortable, you don't need to do it.

당신 나라말로 기도해도 돼요.

You may pray in your language.

헌금시간이에요.

It's time for <u>offering</u>.

오늘은 성찬식이 있어요.

We have the Lord's Supper today.

성찬식은 세례 받은 사람만 참여할 수 있어요.

Only baptized people can receive the Lord's Supper.

세례 받았어요?

Are you baptized?

영어 예배 찾고 있어요?

Are you looking for an English service?

우리 교회에 영어 예배가 있어요.

My church has an English service.

와 볼래요?

Would you like to come?

내 친구가 영어 예배 가요.

My friend goes to an English service.

그 친구와 같이 가 볼래요.

Do you want to join him?

목사님이 심방 가고 싶어 하세요.

The pastor wants to visit you.

집에 심방(방문) 가도 될까요?

Can we visit your place?

음식은 준비하지 마세요.

Please don't prepare food.

잠깐 몇 분만 있다 갈 거예요.

We will stay only for a few minutes.

몇 시가 좋으세요?

What time will be best for you?

2시까지 갈게요.

We will be there by 2.

초대해 줘서 고마워요.

Thanks for having us.

선물이에요. 제 마음이에요.

It's for you.

마음에 들었으면 좋겠어요.

Hope you like it.

문에 교패 붙여도 될까요?

Do you mind* if I put a church plate on your door?

> * "Do you mind"로 물어 보았을 때, 상대방이 "No"라고 대답하면 좋다는 것이고 "Yes"라고 대답하면 싫다는 거예요.

화장실이 어디예요?

Where is the bathroom?

음식이 맛있어요.

The food is great.

제가 설거지할게요.

Let me wash the dishes.

저녁 고마웠어요.

Thanks for the dinner.

CHAPTER 3

/

왕초보, 외국인 친구

위로하기

하나님의 축복이 있길 바래요.

May God* bless you.

> *하나님을 가리킬 때는 꼭 대문자를 사용해요. God, Lord, He.

하나님의 은혜가 있길 바래요.

May God's grace be with you.

하나님은 언제나 당신과 함께하세요.

God is always with you.

하나님은 선하시고 자비로우세요.

God is good and merciful.

은혜의 하나님께서 당신을 보호하실 거예요.

The God of Grace will protect you.

주님이 그분의 은혜로 당신을 인도하실 거예요.

The Lord will guide you in His grace.

하나님은 당신이 그분을 신뢰하길 원하세요.

God wants you to trust in Him.

02 신앙적 위로: 섭리

하나님은 그분의 사랑으로 우리의 인생을 주장하세요.

God rules over our lives with His love.

모든 것은 하나님의 때가 있어요.

Everything is in His time.

하나님의 때를 기다려요.

Wait for His time.

하나님의 응답은 당신이 원하는 대로 되지 않을 수도 있어요.

He may not answer in the way that you wanted.

하나님의 때와 방법은 언제나 완벽해요.

God always has perfect timing and ways.

하나님은 그분을 사랑하는 자들에게 모든 것을 합력하여 선을 이루세요.

In all things God works for the good of those who love Him.

하나님의 선하신 때와 방법으로 하시는 응답을 기다리며 기도해요.

Wait and pray that God would answer your prayer in His good timing and ways.

하나님의 영광을 위한 그분의 뜻이에요.

It's God's will for His glory.

하나님의 계획은 언제나 선해요.

God's plan is always good.

03 신앙적 위로: 사랑, 신실하심

하나님은 그분의 백성을 향해 신실하세요.

God is faithful to His people.

주님을 신뢰하세요.

Trust in the Lord.

하나님은 절대로 우리를 버려두지 않으세요.

God never abandons us.

하나님은 당신을 사랑하세요.

God loves you.

하나님의 사랑은 변함이 없는 사랑이에요.

God's love is steadfast.

한 번 받은 구원은 절대로 취소되지 않아요.

Once you are saved, you are saved forever.

하나님은 모든 죄를 용서해 주세요.

God forgives all your sins.

회개하고, 사랑의 하나님께로 돌아오세요.

Repent, and return to the God who is loving.

하나님은 당신을 기다리고 계세요.

God is waiting for you.

모든 짐을 하나님 앞에 내려놓으세요.

Cast down all your burdens onto God.

하나님의 평강이 있길 바래요.

May God's peace be with you.

04 신앙적 위로: 선한 계획

하나님께는 당신을 향한 선한 계획이 있어요.

God has a good plan for you.

그분은 만유의 주님이세요.

He is the Lord of all.

하나님은 전능하신 분이에요.

God is Almighty.

하나님께는 불가능한 것이 없어요.

Nothing is impossible with God.

하나님은 당신에게 가장 좋은 것을 주실 거예요.

God will give you what is best for you.

하나님은 당신의 필요를 알고 계세요.

God knows your needs[*].

* 고통/아픔 pains	* 슬픔 sorrow

하나님은 모든 것을 알고 계세요.

God knows everything.

하나님이 해결해 주실 거예요.

God will take care of it.

하나님이 도우실 거예요.

God will help you.

하나님이 힘을 주실 거예요.

God will strengthen you.

하나님이 고쳐 주실 거예요.

God will heal you.

하나님이 평안으로 위로해 주실 거예요.

God will comfort you with peace.

우리, 하나님의 도우심을 간구해요.

Let's ask for His help.

하나님은 우리의 모든 기도를 들으세요.

God listens to all of our prayers.

하나님이 당신의 모든 눈물을 닦아 주실 거예요.

God will wipe all of your tears away.

06 신앙적 위로: 권면

마음을 열고, 주님의 말씀을 들어요.

Open your heart, and listen to His Word.

기도로 하루를 시작하세요.

Start your day with prayer.

매일매일 성경 읽기를 노력해 보세요.

Try to read the Bible every day.

최선을 다하고, 결과는 하나님께 맡겨요.

Do your best, and trust God with the result.

하나님을 원망하지 마세요.

Do not blame God.

하나님은 당신의 불평불만을 기뻐하지 않으세요.

God does not like your grumblings*.

*시기 jealousy	*질투 envy	*미움 hatred

우리, 자족하기를 함께 연습해 봐요.

Let's train ourselves to be content.

하나님이 기뻐하실 거예요.

God will be pleased with you.

하나님이 무엇을 기뻐하실지 깊이 생각해 보세요.

Think deeply about what would please God.

주신 모든 것에 대해 하나님께 감사드려요.

Give thanks to God for everything He has done for you.

범사에 감사드려요.

Give thanks in all circumstances.

우리는 그리스도 안에서 가족이에요.

We are a family in Christ.

기억하고 기도할게요.

You are in my prayers.

07 일상의 위로

잊어요.

Please forget it.

제가 있잖아요.

I am here for you.

제 도움이 필요하면 말해요.

Let me know if you need my help.

내가 필요하면 전화해요.

Call me, if you need me.

할 수 있어요.

You can do it.

한 번 해봐요.

Go for it.

참고 견뎌 봐요.

Hang in there.

최선을 다해 봐요.

Give it your best.

당신은 최선을 다했어요.

You did the best you could.

그만 불평해요.

Stop complaining.

너무 무리하지 마요.

You are doing too much.

좀 쉬었다 해요.

You need a break.

좀 자고 일어나요.

You need some sleep.

긴장 풀고 진정해요.

Relax.

숨을 크게 들이마시고 진정해요.

Take a deep breath.

걱정 말아요.

Don't worry.

사는 게 다 그렇죠 뭐.

That's life.

괜찮아질 거예요.

Things will get better.

빨리 완쾌해요.

Get well soon.

CHAPTER 4

/

왕초보, 외국인 친구와

기도하기

≥ *with* ≤

우리, 하나님께 기도해요.
Let's pray to God.

나랑 기도할래요?
Would you like to pray with me?

하나님께 기도해 본 적 있어요?
Do you ever pray to God?

두 손을 모으고 눈을 감고 기도해요.
Place your hands together and close your eyes as you pray.

우리 기도하면서 하나님께 지혜를 간구해요.
Let's ask for His <u>wisdom</u>*.

| *도움 help | *인도 guidance | *뜻 will |

주님, 주여	**Lord**
하나님 아버지	**Heavenly Father**
창조주 하나님	**God the Creator**
절대주권의 하나님	**Sovereign God**
전능하신 하나님	**Almighty God**
거룩하신 하나님	**Holy God**
의로우신 하나님	**Righteous God**
선하신 하나님	**Good God**
사랑의 하나님	**God of Love**
은혜로우신 하나님	**God of Grace**
자비로우신 하나님	**God of Mercy**
오래 참으시는 하나님	**Long-suffering God**
구원의 하나님	**God the Savior**
신실하신 하나님	**Faithful God**
영원하신 하나님	**Everlasting God**

기도하기

주님, 감사합니다.
Thank you Lord.

우리를 불쌍히 여겨 주세요.
Have mercy on us.

주님, 용서해 주세요.
Lord, forgive us.

우리에게 믿음 주세요.
Give us faith.

주님, 도와주세요.
Lord, help us.

주님, 힘을 주세요.

Lord, strengthen us.

주님, 고쳐 주세요.

Lord, heal us.

주님, 살려 주세요.

Lord, save us.

지혜를 주세요.

Give us wisdom.

우리의 생각과 행동을 인도해 주세요.

Guide our thoughts and deeds.

예수님의 이름으로 기도드립니다. 아멘.

We pray in Jesus' name. Amen.

05 식사 기도 *with*

식사기도 해 주시겠어요?

Would you pray for the meal?

날마다 우리에게 일용할 양식을 주셔서 감사합니다.

Thank you for giving us our daily bread.

사랑하는 친구와 함께 식사 시간을 갖게 해 주셔서 감사합니다.

Thank you for this lunch with my dear friend.

식사 시간을 축복해 주세요.

Bless our food.

나누는 모든 대화 위에 복을 주시고, 은혜로운 교제가 있게 해 주세요.

Bless our conversation and give us blessed fellowship.

《 06 고향을 그리워하는 친구 》 ∈ with ∈

주님, 리사가 고향을 그리워합니다.

Lord, Lisa* is feeling homesick.

> 친구의 이름을 넣어서 기도하세요.

집과 가족과 친구들을 그리워합니다.

She* misses her home, family and friends.

> 친구가 남자이면 She 대신에 He를 넣어서 기도하세요.

친구의 마음을 위로해 주시고, 평안을 주세요.

Please comfort <u>her</u>* and give <u>her</u>* peace.

> * 친구가 남자이면 her 대신에 him을 넣어서 기도하세요.

고향에 있는 가족과 친구들을 보호해 주시고, 건강을 주세요.

Protect <u>her</u>* family and friends back home, and give them health.

> * 친구가 남자이면 her 대신에 his를 넣어서 기도하세요.

이곳에서 좋은 친구들과의 만남을 통해 위로해 주세요.

Please comfort her by giving her good friends here.

07 억울한 일을 당한 친구 ≳ with ≲

하나님, 리사가 억울한 일을 당했습니다.

God, Lisa has been wronged.

곤경에 처했어요.

She is facing difficulty.

이 문제를 도와줄 수 있는 사람을 만나게 해 주세요.

Please send someone who can help her with this matter.

지혜와 도움의 손길을 주세요.

Grant her wisdom and a helping hand.

하나님이 기뻐하시는 모습으로 어려움을 잘 통과하도록 인도해 주세요.

Guide her to please you by going through the difficulty well.

하나님, 존이 교통사고를 당했습니다.

God, John got into a car accident.

속히 안정을 찾을 수 있도록 도와주세요.

Help him to recover soon.

크게 다치지 않게 해 주셔서 감사합니다.

Thank you that he was not seriously hurt.

상대편 차에 타고 있던 사람들도 보호해 주셔서 감사합니다.

Thank you for also protecting the people in the other car.

근육통이나 그 외의 통증으로 고생하지 않도록 도와주세요.

Help him not to suffer from muscle ache and other pains.

사고를 처리하고 보상을 받는 과정에서도 함께해 주세요.

Be with him as he manages the accident and compensation details.

《 09 아픈 친구 》 ⋛ with ⋛

하나님, 존이 많이 아픕니다.

God, John has a serious illness.

오랜 질병으로 많이 낙심한 상태에 있습니다.

He is discouraged by his prolonged illness.

건강 때문에 많이 스트레스를 받고 있습니다.

His health placed him under a lot of stress.

불쌍히 여겨 주세요.

Have compassion on him.

전능하신 손길로 고쳐 주세요.

Heal him with your almighty hand.

병원비가 해결되도록 도와주세요.

Provide for his hospital bill.

언제나 하나님의 선한 뜻을 간구하게 해 주세요.

Help him to always seek for your good will.

은혜와 자비를 내려 주세요.

Give him your grace and mercy.

주님, 존이 병원에 입원했습니다.

Lord, John is hospitalized.

좋은 의사와 간호사를 만나서 잘 치료받을 수 있도록 도와주세요.

Help him to have good doctors and nurses who will treat him well.

입원하는 동안 안식을 얻고 회복하여서 속히 퇴원할 수 있게 해 주세요.

Give him rest so that he can quickly recover and be discharged.

함께 있는 병실의 다른 환자들과도 잘 지내게 해 주세요.

Let him have a good relationship with the other patients in his room.

주님, 존이 수술을 앞두고 있습니다.

Lord, John is waiting for a surgery.

마음의 평안을 주시고, 두렵지 않게 해 주세요.

Give him peace and help him not to be afraid.

수술을 집도하는 의사 선생님에게 지혜를 주셔서, 성공적으로 수술이 진행되도록 도와주세요.

Give wisdom to his surgeon so that the surgery would be successful.

수술 부위에 염증이 일어나지 않게 해 주세요.

Let him not receive infection on his surgical site.

후유증이나 합병증으로 고생하지 않게 해 주세요.

Let him not suffer from the effects or complications following surgery.

잘 회복하여서 일상생활에 빨리 복귀할 수 있게 해 주세요.

Help him to recover and return to his normal life soon.

《 12 시험을 앞둔 친구 》 ⸾ with ⸾

주님, 존이 중요한 시험을 앞두고 있습니다.

Lord, John is preparing for an important exam.

그 동안 공부한 모든 내용 놓치지 않고 기억나게 해 주세요.

Help him to remember all that he has prepared for the exam.

지혜를 주세요.

Give him wisdom.

편안한 마음으로 시험 잘 치르게 해 주세요.

Help him take the exam in peace and have success.

《 13 학업 중인 친구 》 *with*

하나님, 친구에게 지혜와 건강을 주셔서 공부를 잘 할 수 있도록 도와주세요.

God, provide him with wisdom and health, and help him to study well.

좋은 선생님과 학우들을 만나게 해 주세요.

Give him good teachers and classmates.

언제나 즐겁게 최선을 다해서 공부할 수 있도록 도와주세요.

Help him always to study joyfully while doing his best.

❨ 14 면접을 앞둔 친구 ❩ ⟨ with ⟩

하나님, 존이 취업 면접을 앞두고 있습니다.

God, John is about to have a job interview.

침착하고 편안하게 면접을 치를 수 있게 해 주세요.

Keep him calm and give him peace during the interview.

좋은 컨디션을 주세요.

Grant him good condition.

면접관들에게 좋은 인상을 주게 해 주세요.

**Help him to leave a good impression
on the interviewers.**

면접관들의 마음을 주장해 주셔서 좋은 결과가 있게 해 주세요.

**Lead the interviewers to reach a
favorable decision.**

15 한국문화, 한국말을 어려워하는 친구   *with*

하나님, 고향을 떠나 먼 나라에서 고생하고 있는 친구를 위로해
주세요.

**God, comfort my friend who is under
a lot of pressure while he is away
from his homeland.**

한국문화에 빨리 적응할 수 있도록 도와주세요.

Help him adjust to Korean culture quickly.

좋은 친구들을 많이 만나게 해 주세요.

Give him many good friends.

한국말을 배우는 데에도 어려움이 없도록 도와주세요.

Help him learn Korean without difficulty.

하나님, 존이 직장을 구하고 있습니다.

God, John is looking for a job.

즐겁게 일할 수 있는 일터를 허락해 주세요.

Grant him a good job that he will enjoy.

원하는 직장에 꼭 맞는 곳을 만나게 해 주세요.

Help him find a suitable job that he likes.

주일을 성수할 수 있는 직장을 허락해 주세요.

Give him a job that allows him to keep the Lord's day holy.

좋은 상사와 직장동료들을 만나게 해 주세요.

We ask for a good boss and good coworkers.

크리스천 동료들을 만나게 해 주세요.

Give him Christian coworkers.

하나님, 존이 직장생활로 어려워하고 있습니다.

God, John is having a hard time at work.

상사와 오해가 쌓인 것 같습니다.

There seems to be some misunderstanding between him and his boss.

이 어려움을 잘 극복할 수 있도록 도와주세요.

Help him to overcome this difficulty.

지혜와 능력을 주셔서 회사에서 인정받게 해 주세요.

Give him wisdom and ability so that he will be recognized.

경험과 경력을 잘 쌓을 수 있게 해 주세요.

**Help him gain good experience so
that he can build his career.**

하나님, 존이 경제적으로 어려움을 겪고 있습니다.

God, John is under financial stress.

감당하기 어려울 정도로 힘든 상황입니다.

It is too hard for him to endure.

이 난관을 어떻게 극복해야 하는지 지혜를 주세요.

**Give him wisdom so that he can
overcome this hardship.**

노력하는 친구에게 하나님께서 공급해 주세요.

Provide for him as he works to make his ends meet.

생활비를 얻을 수 있는 선하고 쉬운 길을 허락해 주세요.

Provide a good and easy way for him to earn a living.

힘과 용기를 주세요.

Give him strength and courage.

주님, 존이 가정불화로 힘들어합니다.

Lord, John is suffering due to his family conflict.

부부 사이에 여러 갈등과 오해가 쌓였습니다.

There is a lot of conflict and misunderstanding between <u>him and his wife</u>*.

* 친구가 여자이면 her and her husband를 넣어서 기도하세요.

그 동안 참아왔던 것들이 한꺼번에 밀려와서, 감당하기 어려워합니다.

All of the matters that he has been enduring are overwhelming him all at once. And it is difficult for him to persevere.

가정을 지키고 싶어합니다.

He wants to protect his family.

다시 화목한 가정이 되길 원합니다.

He wants his family to experience peace again.

권능의 하나님께서 서로의 마음을 부드럽게 하셔서 서로 사랑하
게 해 주세요.

**With your mighty hand, soften their
hearts and give them loving hearts.**

서로를 향한 마음과 말과 행동에 지혜가 있게 해 주세요.

**Give them wisdom in their minds,
words, and deeds toward one another.**

《 20 삶의 의욕을 잃은 친구 》 ⟩ with ⟨

하나님, 존이 삶의 의욕을 잃고 많이 힘들어합니다.

**God, John has lost his will to live and
is under hardship.**

하나님 안에서 삶의 목적과 의미를 찾을 수 있게 도와주세요.

**Help him to find his God-given
purpose and meaning in life.**

하나님의 사랑 안에서, 자신이 얼마나 소중한 존재인지 깨닫게 해 주세요.

Lead him to realize how precious he is according to your love.

자신 안에 있는 하나님의 형상을 존중하고 사랑하게 해 주세요.

Help him to respect and honor God who made him in His own image.

하나님이 그에게 주신 달란트들을 찾아 누리게 해 주세요.

Help him to find the talents that you have given him.

자비를 베푸시고 마음을 위로하여 주세요.

Have mercy on him and please comfort him.

하나님, 언제나 좋은 것으로 베풀어 주셔서 감사합니다.

God, we give thanks to you for your provision of all good things to him.

하나님의 도우심과 인도하심을 감사합니다.

Thank you for your help and guidance.

이 일을 통해 하나님의 사랑을 더욱 알아가게 해 주셔서 감사합니다.

Thank you for helping him to know your love through this occasion.

하나님께 받은 사랑으로 이웃을 사랑하게 해 주세요.

Lead him to love his neighbors with the love he has received from God.

주님, 존이 결혼을 준비합니다.

Lord, John is preparing for his wedding.

인생의 새로운 걸음을 잘 준비하도록 도와주세요.

Help him to prepare for this new stage in life.

모든 걸음 가운데 하나님의 선하심을 누리게 해 주세요.

Help him to enjoy your goodness in every step of his life.

믿음의 가정이 되게 해 주세요.

May his family have faith in God.

신실하게 서로 아끼며 사랑하게 해 주세요.

Lead them to faithfully love and care for each other.

많은 언약의 자녀들을 허락해 주세요.

Grant them many covenant children.

《 23 임신한 친구 》 〝with〟

주님, 이 가정에 언약의 자녀를 주셔서 감사합니다.

Lord, thank you for giving this family a covenant child.

뱃속에 있는 아이가 건강하게 자라게 해 주세요.

Help her baby in the womb grow in health.

찬양과 기도로 아기를 기다리게 해 주세요.

Help her to wait for the baby with praise and prayers.

산모에게도 건강을 주세요.

Give her good health as well.

* 산모 expecting mom

하나님, 리사가 출산을 준비 중입니다.

God, Lisa is preparing for labor.

아이와 산모 모두 건강하도록 도와주세요.

Give both mother and baby good health.

의사와 간호사들에게도 친절과 지혜를 주세요.

Provide kindness and wisdom to her doctors and nurses.

불안해하지 않고 평안한 가운데 순산할 수 있게 해 주세요.

Grant her comfort and help her to experience a peaceful delivery.

25 출산한 친구 *with*

하나님, 귀한 아이를 허락해 주셔서 감사합니다.

God, we give thanks for allowing us to have a precious baby.

하나님 말씀 안에서 키우도록 도와주세요.

Help us to raise him in your Word.

산모에게 힘 주시고, 빠르게 회복할 수 있도록 도와주세요.

Give her strength and restore her health soon.

산후 우울증 없이 지나게 해 주세요.

Let there be no postpartum depression.

26 유산한 친구 ⟨ with ⟩

주님, 리사가 아이를 유산했습니다.

Lord, Lisa miscarried her baby.

아이의 죽음으로 큰 슬픔에 잠겨 있습니다.

She is in deep sorrow for their loss.

오직 하나님만이 위로해 주실 수 있습니다.

Only you can console her.

하나님의 은혜와 자비로 이 시간을 통과하게 해 주세요.

In your grace and mercy, let her pass through this hard time.

27 자녀 문제로 고민하는 친구   with

주님, 존이 자녀 문제로 고민이 많습니다.

Lord, John has serious concerns about his children.

아이가 학교에 잘 적응하지 못하는 것 같습니다.

His <u>son</u>* is not doing well in school.

* 아들 son	* 딸 daughter

학업에 열심을 내지 못하고 있습니다.

He is behind in class.

사춘기를 지내면서 많이 혼란스러워합니다.

It is tough for him to go through puberty.

서로에게 선한 영향을 미칠 수 있는 좋은 친구들을 만나게 해 주세요.

Help him to have good friends who will be mutually encouraging and beneficial.

사랑과 관심으로 도움을 줄 수 있는 선생님을 만나게 해 주세요.

Bless him with a good teacher who shows love and concern for him.

하나님, 이 집을 축복해 주세요.
God, bless this home.

이 집을 출입하는 모든 자에게 하나님의 은혜가 있게 해 주세요.
May the grace of God be with all visitors of this house.

언제나 사랑과 은혜와 평강이 넘치게 해 주세요.
Give your love, grace and peace to this family.

주님, 존이 이사할 집을 구하고 있습니다.
Lord, John is looking for a new house to move into.

기도하기

좋은 환경과 이웃이 있는 곳으로 이사 가기를 원합니다.

He wants to move to a better area with good neighbors.

친절한 집 주인을 만나기를 원합니다.

He would like to have a kind landlord.

겨울에는 따뜻하고 여름에는 시원한 집을 찾을 수 있게 해 주세요.

Help him to find a place that is warm in winter and cool in summer.

하나님이 예비해 두신 집을 잘 찾아 이사할 수 있도록 도와주세요.

Help him move to a good house according to your plan.

하나님, 존이 이사를 합니다.

God, John is moving.

새로운 환경과 이웃이 있는 새로운 집으로 이사를 갑니다.

He is moving to a new house with new surroundings and neighbors.

아무런 사고 없이 순탄한 이사 과정이 되도록 도와주세요.

Help him to move safely and without difficulty.

좋은 날씨를 허락해 주세요.

Grant him good weather.

나는 토종 한국 사람
여기는 대한민국

콩글리시면 어때요?
나의 마음을 전하는 데에
아무런 장애가 되지 않아요.
언어의 목적을 바로 안다면
두려울 것이 하나도 없어요.

세련된 언어 구사는 그 다음 문제예요
소통을 하다보면 점점 자신감이 생겨요.
자신감이 생겼나요?
그럼 지금부터는 영어를 세련되게 말하는 사람들이
어떤 표현을 쓰는지 주의 깊게 잘 들어보세요.
그리고 하나둘 따라해 보세요.

Have fun!

/

CHAPTER 5

왕초보, 외국인 친구에게

복음 전하기

The

하나님은 말씀으로 온 세상을 창조하셨어요.

God created the world by His word.

하나님은 그분의 영광을 위해서 당신과 나를 만드셨어요.

God created you and me for His glory.

하나님은 세상의 주인이세요.

God is the Lord of the world.

하나님은 유일하신 참 하나님이세요.

God is the one and only true God.

하나님은 절대주권의 하나님이세요.

God is sovereign*.

*91페이지의 〈하나님의 이름 부르기〉를 참고하세요.

모든 것은 하나님의 선하신 뜻에 따라 이루어져요.

Everything works for His good will.

하나님은 우리에게 영생을 약속하셨어요.

God promised eternal life for us.

하나님은 거룩하신 분이에요.

God is holy.

하나님은 우리의 죄를 용서하시고, 사해 주세요.

God forgives and pardons our sin.

하나님은 우리가 회개하면 다 용서해 주세요.

God forgives all of our sins when we repent.

하나님은 사랑이세요.

God is love.

하나님은 죄인을 먼저 찾아오세요.

God came to sinners first.

하나님은 값없이 은혜를 베푸세요.

God's grace is free.

구원은 사랑의 하나님이 거저 주시는 은혜의 선물이에요.

Salvation is a free gift of grace from the God of love.

하나님은 당신에게 복과 안식을 주길 원하세요.

God wants to bless you and give you rest.

나는 하나님을 사랑해요. 왜냐하면 하나님이 나를 먼저 사랑하셨기 때문이에요.

I love God, because He loved me first.

하나님은 사람을 남자와 여자로 지으셨어요.

God created human beings, man and woman.

하나님이 주신 복을 누리며 죽지 않고 영원히 살도록 창조하셨어요.

Man was created to live in His blessings forever without death.

그런데 먹지 말라는 선악과를 먹고 죄인이 되었어요.

But man became sinful when he ate the forbidden fruit from the tree of the knowledge of good and evil.

아담 이래로 모든 사람은 죄인이에요.

Since Adam, every man is a sinner.

모든 사람은 죽어요.

All men die.

죽음은 죄의 결과예요.

Death is a result of sin.

사람은 자기 스스로를 구원할 수 없어요.

Man cannot save himself.

오직 믿음으로 구원받을 수 있어요.

By faith alone, man can be saved.

예수님은 하나님의 아들이세요.

Jesus is the Son of God.

예수님은 우리를 죄에서 구원하기 위해 오셨어요.

Jesus came to earth to save us from our sins.

복음전하기

예수 그리스도는 우리를 대신해 십자가에서 죽으셨어요.

Jesus Christ died on the cross for us.

예수님은 우리의 죗값을 대속해 주셨어요.

Jesus paid the debt of our sin.

예수님은 우리를 죄로부터 구속해 주셨어요.

Jesus redeemed us from our sin.

예수님은 하나님의 구원의 언약을 성취하셨어요.

Jesus accomplished God's covenant of salvation.

예수님은 죽음에서 부활하셨어요.

Jesus rose again from death.

우리는 예수 그리스도 안에서 새 생명을 얻었어요.

We received new life in Jesus Christ.

우리는 예수 그리스도 안에서 거듭났어요.

We are born again in Jesus Christ.

믿음으로 구원받고 영생을 얻어요.

Believe and be saved and receive eternal life.

구원은 결코 취소되지 않아요.

Salvation never fails.

성도는 죽음을 두려워하지 않아요.

Believers do not fear of death.

복음전하기

예수님 믿고 구원받으세요.

Believe in Jesus and be saved.

예수님 믿고 천국 가세요.

Believe in Jesus and receive heaven.

예수님은 세상의 빛이세요.

Jesus is the Light of the world.

믿고, 회개하세요.

Believe and repent.

당신의 죄를 회개하세요.

Repent from your sins.

당신의 죄로부터 돌아서세요.

Turn away from your sins.

하나님이 용서해 주실 거예요.

God will forgive you.

당신의 구원주이신 예수 그리스도를 믿으세요.

Trust in Jesus Christ, who is your Savior.

값없이 받는 영생의 선물을 받으세요.

Receive the free gift of eternal life.

당신은 하나님의 자녀예요.

You are a child of God.

하나님의 자녀는 죽어서 천국에 가요.

Children* of God will go to heaven when they die.

> * child는 단수, children은 복수예요.

천국은 눈물과 슬픔이 없는 곳이에요.

There are no tears and sorrows in heaven.

하나님의 자녀는 천국의 소망을 가지고 살아요.

Children of God live with the hope of heaven.

하나님의 자녀는 교회에서 하나님께 예배드려요.

Children of God go to church and worship God.

하나님의 자녀는 하나님의 말씀인 성경을 읽어요.

Children of God read the Bible, which is the Word of God.

하나님의 자녀는 하나님의 영광을 위해 살아요.

Children of God live for His glory.

오직 하나님께 예배드려요(예배드리라).

Worship God alone.

주님을 찬양해요(찬양하라).

Praise the Lord.

우리 모두는 언젠가 죽어요.

We will all die one day.

왜냐하면 우리는 모두 죄인이기 때문이에요.

Because we are sinners.

그런데 하나님은 당신을 사랑하세요.

But God loves you.

하나님이 죄인들에게 예수 그리스도를 보내 주셨어요.

God sent Jesus Christ for sinners.

예수님은 당신의 죄를 대신해서 십자가에서 돌아가셨어요.

Jesus died for your sin on the cross.

누구든지 예수 그리스도를 믿으면 구원받아요.

Whoever believes in Jesus Christ is saved.

누구든지 예수님 믿으면 죽은 후에 천국에서 영원히 살아요.

Whoever believes in Jesus receives eternal life in heaven after he dies.

나는 당신이 하나님을 믿고 나와 함께 천국에 가면 좋겠어요.

I pray that you would believe in God, and go to heaven with me.

사는 게 참 힘들어요.

Life is hard.

이렇게 힘들게 사는 인생의 끝이 뭘까요?

What is at the end of this hard life?

고생하다가 결국 죽어요.

You suffer and die at the end.

당신도, 나도, 우리 모두 죽어요.

You, me, everyone dies.

사람이 죽어서 가는 곳은 천국 아니면 지옥이에요.

When a man dies, he goes to either heaven or hell.

고생하다 죽어서 지옥까지 가면 억울하지 않을까요?

How unfortunate it is, if you go to hell after all this hardship.

하지만 예수님을 믿는 자에게는 소망이 있어요.

But there is hope for those who believe in Jesus.

그리스도 안에서 얻는 영생이 있어요.

There is eternal life in Christ.

그 소망은 천국 영생이에요.

It is the hope of eternal life in heaven.

예수님을 믿으면 천국만 가는 것이 아니라, 이 세상을 살면서 복도 받아요.

If you believe in Jesus, you receive not only heaven but also the blessings of this lifetime.

믿는 사람은 하나님의 사랑과 복을 받아요.

A believer receives God's love and blessings.

하나님의 자녀는 그분 안에서 복과 안식과 평강을 얻어요.

Children of God receive blessings, rest, and peace in Him.

하나님이 주시는 복이 무엇인지는 성경 말씀이 가르쳐 줘요.

The Bible tells us of the blessings of God.

그 복의 근원은 예수 그리스도세요.

The foundation of the blessing is Jesus Christ.

천국에 대해서 들어 봤나요?

Have you ever heard about heaven?

천국은 슬픔과 고통 없이 영원히 행복하게 사는 곳이에요.

Heaven is a place where we will live happily forever without sorrow and suffering.

천국은 어떻게 가는지 아세요?

Do you know how to go to heaven?

천국은 돈, 힘, 실력, 노력으로 가는 곳이 아니에요.

No one can go to heaven by money, power, talent, or effort.

얻어내거나, 자격이 있어서 받는 것이 아니에요.

It is not earned or deserved.

왜냐하면 우리 죄 때문이에요.

Because of our sins.

사람은 죄인이에요.

Man is a sinner.

사람은 스스로를 구원할 수 없어요.

Man cannot save himself.

복음전하기

하나님의 아들이신 예수 그리스도께서 우리를 구원하기 위해 이 땅에 오셨어요.

Jesus Christ, the Son of God came to earth to save us.

예수 그리스도를 믿는 자는 누구든지 천국에 갈 수 있어요.

Whoever believes in Jesus Christ can go to heaven.

왜냐하면 예수님이 우리 대신 십자가에서 죗값을 치르셨기 때문
이에요.

**Because Jesus paid for our sins on
the cross.**

천국은 공짜에요.

Heaven is free.

영생은 값없이 받는(공짜) 선물이에요.

Eternal life is a free gift.

하나님은 자비로우세요.

God is merciful.

하나님은 당신을 사랑하세요.

God loves you.

하나님은 공의로우세요. 그래서 반드시 죄를 벌하세요.

God is just. He must punish sin.

그러나 하나님은 우리를 벌하기를 기뻐하지 않으세요.

But God does not want to punish us.

예수 그리스도께서 우리에게 새 생명을 주시기 위해 이 땅에 오셨어요.

Jesus Christ came to earth to give us new life.

예수 그리스도는 우리의 죄를 지고 십자가에서 돌아가셨어요.

Jesus Christ bore our sin, and died on the cross.

예수 그리스도는 죽음에서 부활하셔서, 우리에게 영원한 생명을 주셨어요.

Jesus Christ rose from death, and offers us eternal life.

영생은 믿는 자에게 주어지는 값없는 선물이에요.

Eternal life is a free gift for those who receive it by faith.

믿음으로 당신은 구원받을 수 있어요.

By faith you can be saved.

오직 예수 그리스도를 통해서만 하나님의 사랑으로 나아갈 수 있어요.

Only through Jesus Christ you can come to God of Love.

CHAPTER 6

/

왕초보, 외국인 친구에게

마음 표현하기

하나님의 은혜예요.

It is God's grace*.

*자비 mercy	뜻 will	*섭리 providence

하나님이 도우셨어요.

God helped us.

하나님께 감사드려요.

Give thanks to God.

하나님 감사합니다.

Thank you, God.

하나님을 찬양하라!

Praise the Lord!

도와줘서 고마워요.

Thank you for your help.

알려 줘서 고마워요.

Thank you for letting me know.

도움이 되어서 제가 기뻐요. 제가 좋아서 하는 거예요.

My pleasure.

언제든지요.

Any time.

생일 축하해요!

Happy birthday!

세례 축하해요!

Congratulations on your baptism!

대학 입학 축하해요!

Congratulations on your entering college!

시험 통과(합격) 축하해요!

Congratulations on your passing of the exams!

결혼 축하해요!

Congratulations on your **wedding**[*]!

[*] 새 직장 new job   [*] 승진 promotion

대견하시겠어요!

You must be proud of him!

축하해요. 내가 다 기뻐요.

I'm so happy for you.

04 슬픔/ 조의 표하기

조의를 표합니다. 마음이 아프네요. 참 속상하네요.

I am **sorry**[*].

[*] Sorry는 미안함 외에도, 누군가의 안 좋은 소식을 듣고 속상함을 표할 때 자주 사용하는 표현이에요.

마음이 정말 아프네요.

My heart goes out to you.

필요한 게 있으면 알려 줘요.

If you need anything, please let me know.

죽었어요.

He died.

돌아가셨어요.

He passed away.

천국에서 하나님과 있어요.

He has gone to be with God.

주님이 천국 집으로 데려가셨어요.

The Lord took him home.

미안해요.

I am sorry.

내 잘못이에요.

It's my fault.

내 실수예요.

My mistake.

일부러 그런 건 아니에요.

I didn't mean it.

용서해 주세요.

Please forgive me.

용서할게요.

I forgive you.

괜찮아요.

That's all right.

걱정하지 마요.

Don't worry about it.

당신 잘못이 아니에요.

It's not your fault.

잊어요.

Forget about it.

마음표현하기

보고 싶었어요.

We missed you.

보고 싶을 거예요.

We will miss you.

내가 언젠가 한 번 놀러 갈게요.

Hope I can visit you sometime.

For God so loved the world, that he gave his only Son, that whoever believes in him should not perish but have eternal life. John 3:16

The Lord is my shepherd; I shall not want. He makes me lie down in green pastures. He leads me beside still waters. Psalm 23:1-2

기도노트
Prayer List

In the beginning, God created the heavens and the earth. Genesis 1:1

I bring near my righteousness; it is not far off, and my salvation will not delay; I will put salvation in Zion, for Israel my glory. Isaiah 46:13

Let the word of Christ dwell in you richly, teaching and admonishing one another in all wisdom, singing psalms and hymns and spiritual songs, with thankfulness in your hearts to God. Colossians 3:16

Create in me a clean heart, O God, and renew a right spirit within me...
Restore to me the joy of your salvation, and uphold me with a willing spirit.
Psalm 51:10, 12

왕초보, 외국인 친구에게 영어로 전도하기

초판 1쇄 발행 | 2016년 12월 15일
2쇄 발행 | 2019년 12월 30일

지은이 | 김영욱
영어감수 | Edward J. Lee, Sarah Kim Lee
펴낸이 | 김영욱
발행처 | TnD북스

출판신고 제315-2013-000032호(2013. 5. 14)
서울특별시 강서구 수명로2길 105, 518-503
대표번호 (02)2667-8290
홈페이지 www.tndbooks.com
이메일 tndbooks@naver.com

ISBN 979-11-950475-7-4 03230
ⓒ 김영욱

• 이도서의국립중앙도서관출판시도서목록(CIP)은서지정보유통지원시스템홈페이지(http://seoji.nl.go.kr)와 국가자료공동목록시스템(http://www.nl.go.kr/kolisnet)에서 이용하실 수 있습니다(CIP제어번호: CIP2016028330).

BELIEVE
in
Jesus Christ